REVENANT DES ÉTATS-UNIS

par ÉTIENNE GROSCLAUDE

EN REVENANT DES ÉTATS-UNIS

Conférence faite à l'Université des Annales

le 19 Janvier 1917

par

ETIENNE GROSCLAUDE

Mesdames, Mesdemoiselles, Messieurs,

Je viens de découvrir l'Amérique. *(Rires.)*

Oh ! je sais bien que je ne suis pas le seul.

D'abord, il y a eu Christophe Colomb ; mais, c'est si loin dans le passé !

Et puis il y a, depuis quelque temps, une infinité de gens comme moi qui se sont mis à découvrir l'Amérique. Le récit de leurs découvertes trouve place quotidiennement dans des journaux, des revues, ou même des conférences — comme celle que vous vous préparez à entendre, avec une résignation dont je suis vivement touché.

Ces pionniers sont, pour la plupart, des hommes de bonne volonté dont le gouvernement a mis à profit le goût des voyages en les envoyant en mission. Quelle était leur mission ? J'ai cru comprendre que c'était précisément de découvrir l'Amérique.

Eh bien ! Il faut que je vous fasse un aveu ; je suis allé en Amérique sans mission ; je l'ai découverte pour mon compte, en liberté. Je suis ce qu'on appelle une individualité sans mandat. Ça m'embarrasse un peu de vous le confesser. En revanche, je bénéficie d'une certaine liberté de langage qui m'est précieuse... Je n'en abuserai pas. La matière est délicate dans ce moment où tant de notes s'échangent entre les gouvernements ; aussi, plutôt que de m'exposer aux hasards d'une improvisation inexpérimentée, j'ai

---

Cette conférence a été entendue aux Annales le 19 janvier. En raison de l'interprétation qu'elle donne des paroles du président Wilson et du pronostic qu'elle formule d'une rupture imminente des Etats-Unis avec l'Allemagne sur la question sous-marine, nous faisons observer que la note Wilson demandant aux belligérants leurs buts de guerre est du 19 décembre, la réponse des Alliés du 11 janvier, le message présidentiel sur la paix sans la victoire du 22 janvier, la note allemande annonçant les torpillages de neutres sans avertissement du 1er février et la rupture du 3 février.

cru prudent de mettre sur le papier les impressions peut-être un peu hâtives que je rapporte, et les conclusions que j'en tire, au risque de me tromper... tout comme les diplomates. Vous voilà prévenus. *(Rires. Applaudissements.)*

Cette conférence sera donc ce que, de l'autre côté de l'eau, on appelle une lecture. Mais, permettez-moi d'abord de vous donner quelques indications préliminaires, à la hâte, car je n'ai guère qu'une heure devant moi pour tant de choses que je voudrais vous dire.

J'ai donc découvert l'Amérique, — comme tout le monde. Cela ne veut pas dire que, durant le voyage, je me sois pris pour Christophe Colomb, ni même pour ces conquistadors que José-Maria de Heredia, dans un de ses plus beaux sonnets, nous montre

> Quand... penchés à l'avant des blanches caravelles,
> Ils regardaient monter des étoiles nouvelles.

Dans le temps où nous sommes, quand les navigateurs se penchent à l'avant des caravelles peintes en gris qui traversent l'Océan, c'est pour regarder monter, non des étoiles nouvelles, mais... des périscopes.

Et j'ai hâte d'ajouter qu'ils n'en voient pas aussi souvent qu'on se l'imaginerait à lire presque chaque jour des noms de bâtiments torpillés.

Le fait est que nous n'avons pas connu le torpillage, ni même le canonnage. — Nous avions une pièce à bord. Elle n'a servi qu'aux tirs d'essai du départ. Quant aux canots et aux radeaux de sauvetage, on a exercé les passagers à s'y installer avec leurs ceintures de liège ou dans leurs gilets de caoutchouc, dont certains sont fort élégants. C'était assez pittoresque, — et un tout petit peu émouvant, — surtout pour ceux des passagers qui avaient le mal de mer.

Tout de même, nous sommes arrivés à bon port ; je suis heureux de vous en apporter le témoignage.

Vous avez ri tout à l'heure quand je vous ai dit que nous venions de découvrir l'Amérique. Eh bien ! c'est tout de même la vérité, car l'Amérique est un pays qu'on découvre chaque jour, parce qu'il se fait nouveau chaque jour. C'est un pays en formation qui n'a pas encore atteint son plein développement ; si on tourne la tête un moment, il en profite pour grandir et se transformer.

Ainsi, la ville de New-York est en construction et reconstruction incessantes. Vous savez que c'est le principe des Américains de faire toujours du neuf. En industrie, par exemple, dès qu'ils découvrent un outillage d'un rendement supérieur à celui dont ils se servent, ils l'adoptent aussitôt et mettent l'autre au rancart, à la ferraille, au « scrap », comme ils disent. Ce n'est pas un pays de savetiers. Quand les chaussures sont usées, on ne les ressemelle pas ; on les remplace.

On passe le temps à remplacer les maisons et à refaire les rues, ce qui change à tout instant l'aspect de cette cité prodigieuse. C'est ce qui faisait dire à un visiteur qui s'y trouvait depuis quelques jours et qu'on interviewait, comme c'est l'usage, sur ce qu'il pensait de New-York :

« Ma foi, c'est une ville qui sera peut-être très bien *quand elle sera finie.* » *(Rires. Applaudissements.)*

Vous savez que c'est une ville immense, mais elle n'est pas immense seulement en largeur, elle l'est aussi en hauteur. J'avais entendu parler des gratte-ciel. J'avoue qu'ils ont dépassé toutes mes prévisions. L'arrivée à New-York, en présence du grandiose *paysage de pierre* qui forme des chaînes de montagnes, dans lesquelles il y a des pics dont les cimes s'élèvent à des hauteurs incroyables, est un des spectacles non seulement les plus extraordinaires, mais les plus beaux que l'on rencontre à la surface du globe.

La plus grande bâtisse a cinquante-quatre étages. On l'appelle *la tour*, mais c'est une maison habitée, où il y a surtout des bureaux, et en quantité prodigieuse, ce qui lui a valu l'appellation de « cathédrale du commerce ». A part cela, dans la partie de la ville où est le monde des affaires, on compte en grand nombre des édifices qui dépassent les trente étages. Je déjeunais constamment dans un club qui est situé au vingtième et d'où on a une vue incomparable sur le port de New-York. Je fréquentais également un autre club qui est le lieu de réunion des hommes d'affaires les plus considérables, qui s'appelle le « Bankers-Club », et qui est situé au *quarante et unième* étage.

A l'hôtel, j'habitais modestement un simple seizième étage. Je m'étais figuré qu'on était exposé au vertige à de telles altitudes. Eh bien ! je vous assure qu'on s'y fait très vite ; même les gens habitués à vivre dans les plaines s'accoutument à cette existence montagnarde ; au bout d'un certain temps, mon seizième étage me faisait l'effet d'un petit rez-de-chaussée.

Tout est dans ces proportions en Amérique, tout y est à la grande échelle, tout y est démesuré. Dans ce pays, où la cascade du Bois de Boulogne est représentée par le Niagara, il y a des trains de chemins de fer qui ont jusqu'à deux kilomètres de long. Ce ne sont pas des trains de voyageurs, mais des convois de minerai ou de charbon. Nous aurions bien besoin que la générosité américaine nous en envoyât quelques-uns, sur ces ferry-boats gigantesques qui portent des trains entiers à travers l'Hudson ou sur les lacs. *(Vifs applaudissements.)*

Les établissements industriels sont d'une taille et d'un rendement formidables. Il y a une station électrique de la force de cinq cent mille chevaux ; un groupe électrogène va jusqu'à trente-cinq mille kilowatts.

Les salaires sont en proportion, et, naturellement, le prix de la vie s'en ressent.

Quant aux fortunes, elles s'élèvent à des chiffres incroyables. Une statistique récente et officielle évalue à plus de 120 le nombre des Américains dont le revenu est supérieur annuellement à cinq millions de francs, et il y en a 3.824 qui ont plus de deux millions et demi par an.

Que l'Européen est petit quand on le contemple du haut de ces édifices, et que nos millionnaires doivent paraître chétifs à ces milliardaires transatlantiques ! *(Rires.)*

Cela me fait penser au dessin de Forain, dont vous vous souvenez probablement : quelques hommes élégants causant ensemble admirent, à la cravate de l'un d'eux, une épingle dont la tête est faite de je ne sais trop quelle matière précieuse. Alors, un gros monsieur qui est là :

« *J'ai une cheminée comme cela chez moi* », fait-il, sans la moindre intention de désobliger l'homme à l'épingle.

Je n'ai pas dit que ce gros monsieur fût Américain, et j'ai hâte d'ajouter que ceux de ses compatriotes avec lesquels je me suis rencontré n'ont généralement pas cette façon écrasante de toiser nos épingles de cravate.

Ils semblent plutôt avoir une sorte d'embarras de leurs proportions excessives, et comme un désir de se faire pardonner les dimensions monumentales de leurs cheminées précieuses.

Grâce au ciel, leurs sentiments sont de taille avec l'ensemble de leurs ressources. Il en est un, notamment, qui s'élève à un niveau inconnu dans nos pays, où il est généralement assez rare et fort menu : c'est la *gratitude.*

Figurez-vous que les Américains d'aujourd'hui n'ont pas oublié le temps où La Fayette et un grand nombre d'officiers français sont venus les aider à combattre pour leur indépendance, avec une bravoure et un désintéressement dont ils évoquent volontiers le souvenir.

Une adresse américaine envoyée à la France au début de la guerre, et signée des plus grands noms, se terminait par ces mots : « Tout ce que nous avons fait dans le passé, tout ce que nous pourrons faire dans l'avenir, ne sera qu'un acompte sur la dette de reconnaissance que nous avons contractée envers la France, dette que l'histoire n'éteindra jamais. »

Il y a un autre sentiment qui est proportionné chez les Américains aux dimensions colossales... (pardon de ce mot, il n'est plus décent de l'employer !) aux dimensions prodigieuses de leur gratitude, c'est la *générosité*.

Et puis, il y a leur sens pratique, qui porte au maximum le rendement de ces vertus ; c'est assez dire que l'assistance des Américains nous est efficace comme leur amitié nous est douce.

L'amitié des Etats-Unis nous est infiniment précieuse au point de vue moral comme au point de vue matériel. Elle nous a été indispensable dans les moments les plus difficiles. Longtemps encore elle nous sera nécessaire à bien des égards. Elle nous sera toujours désirable. *(Vifs applaudissements.)*

Pouvons-nous compter sur elle ? Je suis de ceux qui le croient fermement et qui ne se laissent pas détourner de leur confiance dans les sentiments généreux de la saine et vigoureuse nation qui est née dans l'amour de la liberté, qui a grandi dans la pratique de la loyauté et qui s'est illustrée dans le culte du droit public ; qui a donné l'exemple du sacrifice poussé jusqu'au bout dans la guerre pour une cause juste ; qui méprise le mensonge et toutes les autres formes de la lâcheté ; qui tient pour la première vertu des nations comme des citoyens le respect de la parole donnée ; qui cultive avec une fidélité passionnée cette autre vertu qu'on dit la plus rare de toutes, la gratitude. C'est ainsi qu'elle ne manque jamais une occasion de nous rappeler, qu'à l'heure terrible où il lui fallut tout risquer pour sauver son indépendance, elle a trouvé chez nous des frères d'armes vaillants, enthousiastes et désintéressés, dont les chefs sont restés populaires dans l'Amérique du Nord, à l'ombre du grandiose souvenir de Washington.

L'amitié américaine pour la France n'est pas un sentiment éphémère et fragile, à la merci des machinations de la propagande germanique et des insinuations de cet ambassadeur qui, pour quelque temps encore, déshonore de sa présence la capitale qui porte le nom du plus noble représentant de la loyauté dans l'histoire. Non ! il ne suffit pas que le comte Bernstorff fasse en ce moment des m'amours à M. Wilson (dont pourtant il a fait combattre furieusement la réélection par ses dix millions d'Américano-Boches, — c'est un fait incontesté), et que les banqueteurs faméliques de Berlin portent des toasts à l'ambassadeur Gérard, envoyé auprès d'eux pour leur notifier les volontés du gouvernement américain sur la guerre sous-marine ; il ne suffit pas de quelques interviews des représentants de la presse jaune de M. Hearst pour nous faire croire que le peuple des Etats-Unis a soudain oublié ses traditions, ses vertus et ses intérêts.

Le comte Bernstorff s'est donné bien du mal en Amérique, il y a dépensé bien de l'argent, — on parle d'une centaine de millions, ce n'est pas grand'chose par le temps qui court, il a tout agité, tout bouleversé, tout troublé ; il a commandité des journaux, des candidats et des bandits ; il a trempé dans le torpillage du *Lusitania*, cyniquement prédit par lui ; il a souri d'un air entendu quand sautaient — par accident — des usines de munitions ; il a beaucoup fait ; on dit même qu'il a trop fait ! mais il n'a pas assez fait pour que la grande masse de la nation américaine cesse d'avoir en exécration le gouvernement de proie qui a déchaîné le fléau de la guerre sur l'humanité, qui a martyrisé la Belgique et réduit son vaillant peuple en esclavage. *(Longs applaudissements.)*

Oui ! Nous pouvons parler de l'amitié américaine en toute confiance, nous devons nous remémorer tout ce qu'a déjà fait pour nous la République sœur, et nous y trouverons de fortes raisons d'espérer toujours en elle.

Quelques-uns d'entre vous, je le sens bien, pensent et sont prêts à me dire : « Sans doute, nous avons de nombreux amis aux Etats-Unis, des amis passionnés ; ils sont le plus grand nombre ; ils nous ont donné mille preuves de leur esprit fraternel, mais cela ne concorde pas avec l'attitude, du moins apparente, du gouvernement qui vient, au moment le moins opportun, et dans les formes les plus désobligeantes, de nous parler de la paix, — alors que l'Allemagne en a besoin et a surtout intérêt à en « pourparler ». Comment expliquer cela de la part du gouvernement d'une nation amie, — le premier devoir d'une amitié délicate étant la discrétion, surtout dans les temps difficiles ? »

Mon Dieu, je reconnais, avec une infinité de journaux américains, que la sollicitude de M. Wilson a peut-être un peu manqué de ce sens des nuances qui fait le charme des plus douces intimités. Quant à voir dans son geste une arrière-pensée hostile contre nous, ou même une intention favorable à nos ennemis (ce qui ne nous serait guère moins odieux), tout ce que je sais de M. Wilson, de ses sentiments, de ses tendances et de sa politique, me l'interdit.

L'étonnement qu'a provoqué sa note n'est comparable qu'à celui qu'il a lui-même manifesté, en s'apercevant que le premier mouvement du public impressionnable chez les Alliés semblait attribuer ce coup oblique à des desseins suspects. Depuis lors, M. Wilson et ses journaux ont tout fait pour dissiper cette impression. On se rend compte aujourd'hui qu'il n'était aucunement dans sa pensée de favoriser nos ennemis ; il n'est même pas interdit de supposer qu'il ait cru agir en ami.

En ce cas, comment se peut-il qu'un manieur d'hommes aussi expérimenté ait ignoré à ce point notre sensibilité, si vive surtout envers nos amis, et qu'un psychologue aussi informé ne se soit pas souvenu des recommandations de notre philosophe le plus populaire, préférant *un sage ennemi* à l'ami trop empressé qui vous lance un pavé sur la tête pour en chasser une mouche, — fût-ce la mouche du Boche.

Lettré comme il l'est, M. Wilson n'ignore pas non plus le cri de Voltaire, disant : « Que Dieu me préserve de mes amis, je me charge de mes ennemis. » C'est justement le cas des Alliés. Ils se chargent de leurs ennemis, mais que nos amis ne viennent pas nous les arracher des mains, au moment où tout permet d'espérer que justice va enfin être faite.

J'ai connu un professeur de boxe qui, sans avoir lu Voltaire, se rencontrait avec lui sur ce point, ayant des vues claires dans les choses de son art. Il me disait : « Voyez-vous, si jamais vous avez une altercation dans la rue, méfiez-vous de vos amis ; sous prétexte de s'interposer, ils vous tiennent par les bras, en vous laissant exposé aux coups de votre adversaire. » *(Rires.)*

Je ne sais pas si M. Wilson est un praticien du noble art, — et je m'étonnerais qu'un lutteur comme lui n'ait pas bénéficié de la formation athlétique, — mais je serais surpris que cet argument sportif ne fût pas apprécié de ses concitoyens, qui observent scrupuleusement, comme tous les Anglo-Saxons, le devoir de laisser deux adversaires vider librement leur querelle, sans intervention, jusqu'au moment où l'un d'eux se reconnaît vaincu.

Est-ce dès à présent le cas de l'Allemagne ? Alors, la note Wilson vient à son heure. Elle est intempestive s'il est vrai que l'Allemagne, se prévalant de l'aspect de ses muscles qui semblent encore vigoureux, se refuse à avouer que la respiration commence à lui manquer et cherche à négocier dans le seul but de reprendre du souffle.

Mais, même dans ce cas, j'ai de fortes raisons de croire qu'il n'est pas entré un instant dans les vues de M. Wilson de la favoriser à nos dépens.

Nous y reviendrons dans un instant, en examinant succinctement les conditions dans lesquelles le président réélu a été amené à faire cette démarche dont la forme, tout au moins, était déconcertante.

Si j'y fais allusion dès les premiers mots de cette causerie, c'est pour rejeter l'idée, un moment très répandue parmi les Alliés, qu'il y ait lieu d'y voir une défaillance de l'amitié américaine.

Il va sans dire que je présente ici seulement des impressions personnelles, tout fraîchement rapportées d'un tour que je viens de faire aux Etats-Ûnis, trop hâtivement pour qu'il m'ait été donné d'approfondir autant que je l'aurais voulu des questions de cette importance et de cette gravité. L'Université des Annales m'a invité, dès mon retour, à venir parler ici de mon voyage. J'ai accepté en toute simplicité : c'était quelques jours avant le double coup de théâtre des suggestions allemandes et de la note américaine. Le sujet est devenu brûlant. Je m'efforce de n'y toucher qu'avec précaution. Tant pis pour moi, mais pour moi seul, si je m'y brûle un peu les doigts.

Pour réduire au minimum nos chances d'erreur, je vais m'appliquer à vous présenter des faits et des chiffres plutôt que des appréciations.

Les concours que nous donne la nation américaine (et une fois pour toutes, il est bien entendu qu'en vous parlant d'Amérique ou de nation américaine, je n'ai en vue que les Etats-Unis de l'Amérique du Nord ; c'est pour la facilité du langage, et l'usage m'y autorise) sont multiples et de divers ordres.

Au risque de faire sourire les gens qui n'aperçoivent dans le jeu de la vie que des phénomènes matériels, je placerai en première ligne l'appui moral que nous apporte l'ardente approbation de toute l'élite sociale, — émerveillée devant l'esprit de sacrifice avec lequel nos peuples soutiennent une guerre qui a pour origine l'oppression de la Serbie et la violation de la Belgique. L'enthousiaste admiration pour les défenseurs de la Marne, de l'Yser et de Verdun, d'une nation qui n'apprécie rien autant que le courage et la ténacité, nous est puissamment réconfortante. Dans une guerre pour le Droit, il est permis de tenir compte de ces impondérables, comme disait Bismarck, qui n'était pourtant pas suspect de faiblesse envers la politique sentimentale.

Ne nous leurrons pourtant pas de l'illusion que l'Amérique tout entière soit exaltée pour notre cause ; dans la région de l'Est, dans une partie de la Californie, dans les Etats du Sud qui se souviennent du temps où ils furent Français, la grande masse est passionnément avec nous. Dans le moyen Ouest, le pays des grands fermiers, on ne nous est pas hostile, mais on nous connaît peu et mal ; on est faussement renseigné sur les causes de la guerre et sur ses faits essentiels, — ce qui tient à ce qu'on n'est guère renseigné que par la propagande allemande, dont l'activité est prodigieuse dans ces régions : divers journaux américains évaluent à plus de cent millions le chiffre de ses dépenses ; je parle des dépenses de propagande, — en dehors du *budget des attentats*. Car les agents du comte Bernstorff ne s'en tiennent pas à leur parole d'Allemands, qui fait encore des dupes, comme certaines publicités de mauvais aloi, par l'insistance et l'impudence. Ils y joignent le geste, et quel geste !

Après l'ambassadeur autrichien Dumba et l'attaché naval allemand von Pappen, expulsés par le gouvernement américain ; après les révélations de l'agent Graves, un des policiers favoris de l'ambassade, voici les dernières nouvelles de l'activité diplomatique des empires du Centre aux Etats-Unis : la Cour fédérale de Washington vient de rendre un verdict de culpabilité contre le consul général allemand Franz Bopp, le vice-consul von Schack, le lieutenant Wilhelm von Brincken, attaché militaire, le sieur Charles Cronel, agent de la police secrète du consulat, et la dame Cornill, sa complice. L'inculpation portait sur une organisation ayant pour objet de faire sauter des usines de munitions aux Etats-Unis et au Canada, des bateaux et des trains de chemins de fer. C'est tout récent. La dépêche Reuter qui nous en informe est du 13 janvier; elle ajoute, avec un flegme qui fait honneur à l'humour pince-sans-rire du rédacteur, « que le gouvernement étudie la question de demander formellement à l'Allemagne le rappel de ces fonctionnaires, qui ont criminellement abusé de leur mandat ».

Voici du reste en quels termes un des journaux les plus estimés, le *New-York Sun*, appréciait ces procédés consulaires : « Désormais, la condamnation d'un consul général d'Allemagne ne crée pas plus de surprise qu'un verdict de culpabilité contre un criminel récidiviste. »

Nos représentants sont plus réservés, et je ne crois pas leur faire offense en disant qu'ils ne commettent pas beaucoup plus de propagande que d'attentats.

Cette discrétion a son mérite, tout au moins son élégance, et elle nous met à l'abri des protestations multipliées qui poursuivent les agents diplomatiques des empires centraux, dont la plupart ont été pris la main dans le sac — aux explosifs. Elle nous vaut sans doute des hommages flatteurs, comme celui que, lors du banquet La Fayette, auquel j'eus l'honneur d'assister, un des plus grands orateurs américains, M. James Beck, rendait à notre ambassadeur M. Jusserand qui, dans son séjour prolongé à Washington, a si heureusement contribué à faire comprendre, estimer et aimer notre pays.

« Cet ambassadeur, disait M. James Beck, n'a jamais, en aucune circonstance, abusé de l'hospitalité du peuple auprès duquel il est accrédité. A cet égard, sa conduite pourrait être donnée en exemple à un au moins des diplomates de Washington qui semble à quelques-uns d'entre nous tarder vraiment trop à se mettre en route pour aller rejoindre dans son pays ses anciens et zélés subordonnés. »

Cet hommage est mérité ; le serait-il moins si, d'accord avec l'ambassade, les hommes éminents et dévoués qui dirigent nos services d'information s'appliquaient à obtenir d'un certain nombre de hautes personnalités françaises, dont le dévouement ne serait pas sollicité en vain, malgré les difficultés du voyage, qu'elles allassent aux Etats-Unis, — surtout dans les Etats de l'Ouest, où nous sommes si peu connus, parfois même si méconnus, — non pas faire de l'agitation, mais déployer le dossier de la grande cause que nous défendons contre les nations de proie.

Il serait même indispensable de faire connaître à des populations qui l'ignorent en certains lieux — ne croyez pas que j'exagère — que lorsque la France déclare qu'elle ne déposera pas les armes jusqu'au moment où, réparation étant faite, l'Alsace sera redevenue française, ce n'est pas à une conquête qu'elle prétend, — comme on voudrait le faire accroire aux bonnes gens du Middle West, — mais la légitime restitution qu'elle attend de cette guerre dans laquelle on l'a entraînée de vive force. J'avais été vivement frappé de cet incroyable état d'esprit, lors de mon passage en Amérique. La dernière note allemande, dans laquelle le cynisme de la chancellerie berlinoise nous représente en conquérants, confirme les tendances de cette invraisemblable propagande, qui deviendrait vite dangereuse si nous ne nous appliquions pas à réfuter les mensonges boches dans l'esprit des populations si grossièrement abusées.

L'apparition d'un abbé Wetterlé ou d'un Blumenthal, députés protestataires, aurait certainement raison de ces infamies et ferait rentrer sous terre ceux qui les profèrent. Un Bergson, un Boutroux — si hautement estimés de tout le monde pensant — un de nos grands prélats des villes martyres feraient œuvre sainte en allant révéler au cœur généreux et sincère d'une infinité d'Américains de bon vouloir dont on a troublé l'esprit, les hautes raisons de la lutte que nous soutiendrons « jusqu'au bout ».

Si j'en parle avec insistance, c'est qu'il ne s'agit pas seulement de mon appréciation personnelle sur ce point, mais que je suis certain de répondre au vœu ardent de nos compatriotes habitant l'Amérique, qui, d'accord avec nos meilleurs amis de là-bas, nous adjurent de ne pas nous reposer sur l'excellence de notre cause devant des adversaires aussi agissants que les millions de Germano-Américains à qui tous les moyens sont bons pour avoir raison contre la raison et chercher des juges contre la justice.

Un des Français les mieux informés des questions de l'Amérique du Nord, qu'il a visitée à diverses reprises et qui y est apparenté, m'écrivait il y a peu de jours :

« Ne vous en rapportez pas uniquement à la sympathie qu'on nous montre dans les grandes villes, dans les clubs, dans la haute finance et la haute industrie et dans la grande bourgeoisie, surtout dans l'Est ; mais ne vous dissimulez pas que quand on séjourne, comme je l'ai fait, dans les petites villes, à la campagne, parmi la démocratie rurale, on entend souvent un autre son de cloche. »

Il a de l'écho dans certains milieux travaillistes, et, ce qui n'est pas moins grave, une singulière bouffée de pacifisme doctrinal souffle depuis quelque temps dans certains milieux intellectuels, où l'on prend à tâche de contrecarrer la grande protestation qui s'est élevée de tous les cercles universitaires contre les tortionnaires de la Belgique.

C'est là que la paix allemande trouve encore des avocats, que la difficulté de la cause semble avoir piqués au jeu, — un jeu vraiment inférieur aux aspirations traditionnelles de la haute culture américaine.

En revanche, avec quelle conviction passionnée, avec quelle chaleur d'éloquence, avec quelle élévation religieuse unissent leurs voix pour requérir contre un pacifisme aussi injuste qu'imprudent les pasteurs les plus écoutés des églises américaines ! Ecoutez la protestation des évêques protestants, que l'éloquent recteur du temple de la colonie américaine de Paris, le pasteur Watson, commente passionnément dans le plus récent numéro de *France-Amérique*, après avoir, dans un admirable sermon prononcé à l'occasion de Noël, fait honte aux mauvais chrétiens qui subordonneraient aux douceurs et aux bénéfices d'une neutralité fructueuse les devoirs d'une guerre expiatrice. Il prêchait, le révérend Watson, la pure doctrine du Christ promettant la paix sur la terre, mais au prix d'une lutte incessante contre le mal, et n'admettant pas que le cœur de ses disciples jouisse de cette paix tant que le méchant n'est pas terrassé.

C'est ainsi que le Congrès triennal des évêques protestants des Etats-Unis a adressé aux fidèles, pour être lu en chaire et commenté dans tous les temples, un message qui évoque solennellement la grande figure du cardinal Mercier, dont la parole justicière contre le pacifisme de proie retentit dans toute la chrétienté. Les évêques adjurent leurs fidèles d'écouter le prélat des Belges, quand ce mandataire du Dieu de justice proclame que l'Église subordonne au respect du droit le sentiment précieux de l'universelle fraternité ; quand il affirme, avec saint Thomas d'Aquin, que la vindicte publique est une vertu nécessaire, et que la conscience des justes est soulevée tant que le crime reste impuni ; quand il note comme quoi tel fut aussi l'esprit de la Loi juive, selon les imprécations des prophètes et dans les chants du Psalmiste. *(Vifs applaudissements.)*

Et telle est encore l'inspiration du révérend Dr Manning, de *Trinity Church*, quand il appelle ses compatriotes à l'acte de foi que leur commande l'enseignement du Christ, « qui, loin de nous engager à vivre en paix avec les méchants, nous fait un devoir de nous opposer à leurs méfaits ».

C'est la doctrine même du colonel Roosevelt, enrôlant au secours de la justice profanée et de l'humanité opprimée l'Amérique chevaleresque, dans ce livre où la foi religieuse et le culte de la patrie joignent toutes leurs ferveurs : *Fear God and take your own part* ! (Craignez Dieu, et prenez vos responsabilités !) On y trouve, dès les premières pages, ces paroles d'Abraham Lincoln, dans la guerre contre l'esclavage, disant : « Mettez-vous du côté du droit !... Ne pas soutenir celui qui le défend, c'est manquer à son devoir d'homme, à son rang d'Américain. » Par la ténacité de ce grand citoyen, les Etats-Unis furent sauvés aux heures sombres où, tenant tête aux sentiments d'une population accablée par la lenteur des opérations, il refusa d'envisager la possibilité d'une paix hâtive qui n'eût fait qu'ajourner le fléau de la guerre civile, en la prolongeant indéfiniment. Rendant hommage à l'intraitable résolution des Alliés, qui n'admettent pas que leurs morts aient péri en vain, M. Roosevelt proteste contre les tentatives néfastes des illuminés du pacifisme, inconscients auxiliaires des exploiteurs de la guerre. « Ces hommes qui se croient les serviteurs de Dieu sont les envoyés de Baal ! »

De telles exhortations sont de la plus haute influence sur une nation jeune chez laquelle le sentiment de l'idéal, demeuré très vif, entretient un mysticisme qui se manifeste généralement par une foi religieuse très profonde et très agissante. Elles auront aisément raison de toutes les astuces laïques de la propagande à la Bernstorff; elles opposent avec sérénité l'avènement d'une paix chrétienne, fondée sur le respect et l'amour du prochain, à la conception barbare d'une humanité réduite en servage par la horde guerrière dont les aspirations se révèlent dans le scandale de cette prière de proie du pasteur Philipp, de Berlin, publiée dans une revue allemande trop répandue, la *Réformation* :

« Nous sommes dans la troisième année de la lutte, et cependant, je m'écrie : « Que Dieu soit béni d'avoir permis à la guerre « d'éclater ! Que Dieu soit béni pour avoir empêché la paix d'être « conclue ! » Je répéterai : « Louange à Dieu qui a déchaîné la « guerre, parce que nulle chose au monde, hormis la guerre, ne « pouvait assurer le salut du peuple allemand ! »

Si cette frénétique invocation du plus grand fléau des mondes habités avait germé dans l'âme exaltée d'un allié, vous vous imaginez avec quelle prodigieuse radioactivité la propagande impériale s'empresserait d'en transmettre à tous les neutres l'expression révoltante ! J'aime à croire que nos services d'information de presse ne la laisseront pas ignorer aux pacifistes sincères du nouveau continent. *(Vifs applaudissements.)*

Nous ne manquons pas de rendre hommage à la générosité de leurs intentions, quand ils pensent, dans la simplicité de leur cœur, venir en aide aux victimes de l'agression allemande en arrêtant le carnage ; mais pourquoi le faire et cela au moment même où la victime ensanglantée, se redressant dans un sursaut inouï, prend le criminel à la gorge, bien résolue à ne pas lâcher prise tant que réparation ne sera pas faite à la civilisation ? Ils ne se rendent pas suffisamment compte de l'injustice que commettrait, s'il en avait le moyen, celui qui, mettant fin à la lutte dans ces conditions inadmissibles, arracherait le coupable à la justice immanente en lui laissant le moyen de renouveler ses crimes.

Plus nombreux et plus influents, mais non moins redoutables, sont les esprits réalistes qui s'inspirent d'une doctrine formulée avec talent dans une série d'articles du *New-York Times* avant l'apparition de la note Wilson — qui a, comme on le sait, coïncidé avec la manœuvre Bethmann-Hollweg, — c'est-à-dire avant l'explosion de fureur teutonique déterminée par la réponse des Alliés. L'écrivain donnait à entendre que, bientôt, l'Allemagne, ayant visiblement perdu la partie, reconnaîtrait l'avantage de la régler sans s'attarder dans une lutte ruineuse pour elle. Il partait de cette donnée : « L'accomplissement des grands desseins de l'Allemagne et de l'Autriche a été mis hors de question par leur commune défaite, dès maintenant aussi évidente et aussi certaine que si elle avait été reconnue par traité. » On ajoutait que toutes les tentatives auxquelles répondait la guerre déchaînée par l'impérialisme ayant tourné contre lui, il ne luttait plus que pour dissimuler le plus longtemps possible le désastre au peuple allemand. Cette situation ne pouvant se prolonger, l'écrivain du *New-York Times* affectait de penser que l'intérêt vital des empires du Centre leur commanderait avant peu de faire à la force des choses les concessions nécessaires. Ces appréciations significatives du plus important des journaux américains, en relations avérées avec le président Wilson, et attribuées par le *Times* anglais à un ancien membre de son gouvernement, précédèrent de peu de temps la note aux belligérants. Est-il permis de penser qu'elles tendirent à y préparer les esprits, qui cependant, on l'a vu, n'en furent pas moins déconcertés.

Toujours est-il qu'elles formulent, dans des termes que nous nous plaisons à retenir, une évaluation désintéressée des conditions actuelles de la lutte mondiale.

Cette évaluation, émanant d'un des postes d'observation les

mieux placés pour reconnaître les positions respectives, n'est pas de nature à nous décourager.

N'est-il pas réconfortant, dans le moment où la note Wilson parle de la paix, ou tout au moins des conditions dans lesquelles elle serait imaginable, d'entendre la presse dirigeante des Etats-Unis — à part la presse aux couleurs noire et jaune, et la presse jaune, au noir invisible — nous crier de toute sa force :

« Tenez bon ! L'heure approche où vous les aurez ! »

Et voici encore, sous la plume de M. Murray Butler, le président de Columbia, qui est une des plus hautes autorités de la pensée américaine, une appréciation non moins optimiste. Je la détache d'un journal d'hier matin :

« Je ne puis prévoir ce que l'année 1917 apportera, mais, à moins que toutes nos informations concernant le ravitaillement de l'Allemagne soient fausses, le peuple de cet empire *doit s'affaisser dans les six mois qui suivront.* Si les Allemands ne réussissent pas *à intimider les Alliés au point de leur faire conclure une paix qui ne soit pas décisive (inconclusive)*, pendant ce laps de temps, *ils seront, je crois, obligés de se rendre sans conditions* et d'accepter le nouvel ordre des choses, pour lequel les Alliés combattent et qui, s'il est établi, ouvrira une ère nouvelle dans l'histoire de l'Europe et du genre humain. » *(Vifs applaudissements.)*

On sait comme quoi la généreuse Amérique ne s'en tient pas à ces hommages rendus à la cause du Droit, à ces encouragements pour les peuples qui ont mis toutes leurs forces et toutes leurs ressources à son service. Sait-on quel était, au début de la présente année, le chiffre des libéralités dues à l'action charitable des Etats-Unis : il s'élevait à 28.986.000 dollars, soit près de 150 millions de francs, d'après le rapport officiel de l'Institut Carnegie, cité par la revue mensuelle du Comité France-Amérique qui, en faisant le dénombrement de ces dons magnifiques, constate que, malgré le grand nombre des Anglo-Germains établis aux Etats-Unis, l'immense majorité de ces fonds ont été envoyés en aide aux Alliés.

Dans une émouvante conférence donnée à la Sorbonne, M. Millerand a fait connaître par une nomenclature interminable, — et qu'on ne se lassait point d'écouter, — la liste des principales œuvres charitables par lesquelles nos amis de l'autre côté de l'Océan ont témoigné de l'intérêt qu'ils portent à notre cause ; il n'a pu que signaler la plus admirable de toutes par son objet et par ses proportions, l'*Œuvre des Orphelins de la guerre Français*, qui était alors en formation sous le patronage de M. William-D. Guthrie, et qui va consacrer à l'éducation des orphelins français sans ressources un fonds de 650 millions de francs, — vous avez bien entendu : près de trois quarts de milliard.

En dehors des sommes colossales que mobilisent ces sublimes efforts d'humaine solidarité, il faut tenir compte de l'activité inlassable que des légions d'hommes et de femmes, appartenant à toutes les conditions sociales, mettent au service de toutes ces œuvres si utiles à nos blessés, à nos réfugiés, aux populations envahies de Belgique et de France, aux innombrables misères des victimes de ceux que la langue anglaise ne connaît plus sous un autre nom que les « Huns ». Il faut notamment se féliciter du merveilleux sens pratique, du grand esprit d'organisation, de la gestion méticuleuse qu'une élite de *businessmen* applique, en vue de leur donner un rendement intégral, à ces bienfaisantes entreprises, dont le modèle paraît être ce *War Relief Clearing House*, administré par quelques-uns des hommes les plus considérables des Etats-Unis, et dont le comité de Paris déploie une activité incessante et merveilleusement ordonnée.

Et parmi ces témoignages infinis d'un zèle fraternel, pour lequel nous n'exprimerons jamais assez haut notre gratitude, en est-il de plus émouvant que le zèle si vaillant et si noblement modeste des jeunes Américains, en grand nombre, qui, se souvenant du mot de La Fayette cité l'autre jour par M. Millerand : « A la première nouvelle de la guerre américaine, mon cœur s'enrôla ! » ont quitté leur pays, leur famille, leurs intérêts ou leurs études, — car beaucoup appartiennent au monde universitaire, — pour venir s'engager dans notre aviation, dans la légion étrangère, ou dans ces admirables ambulances de première ligne que dirige M. Piatt Andrew, le grand économiste, ancien sous-secrétaire d'Etat aux Finances, qui, sur le bateau par lequel je suis revenu en France, amenait avec lui, après quelques semaines de relève dans son pays, une quarantaine de jeunes recrues. A peine débarqués, ils allaient prendre rang parmi leurs camarades du front, qui ramènent nos blessés sous les bombardements les plus intenses avec un froid mépris du danger, tandis que tant de leurs vaillants compatriotes, sur des avions de chasse, font chaque jour des prouesses dont nos chers aviateurs apprécient en connaisseurs le mérite et l'efficacité. Plusieurs de ceux-ci et de ceux-là, dont les noms seront recueillis dans notre pieux souvenir, les Chapman, les Norman Prince, les Richard Hall, les Alan Seeger, sont tombés dans nos rangs ; d'autres ont péri dans la légion étrangère, où ils se sont enrôlés par centaines, — alors que l'armée allemande n'a guère compté, m'assure-t-on, plus de « deux » Américains.

L'un des premiers tués fut René Phelizott, de Chicago ; quand on releva, pour l'ensevelir, ce tout jeune homme tombé sous notre drapeau, on trouva sur son corps, pieusement roulé autour de sa poitrine, le pavillon étoilé de son pays ; à l'insu de ses camarades les plus intimes, il le tenait caché là, près de son cœur, dans la pudeur ingénue de sa dévotion patriotique. Un de ses frères d'armes s'est paré de cet emblème sacré, qui témoigne de la conviction passionnée avec laquelle ils servent leur pays en mêlant leur sang au nôtre.

La plupart de ces jeunes gens sortent des universités. J'en ai même rencontré un, aux ambulances de Piatt Andrew, qui, contre son gré, partait en congé pour aller terminer ses études à Harvard, après quinze mois de services actifs. Ce vétéran était âgé de seize ans. *(Vifs applaudissements.)*

J'emprunte à une attachante étude, publiée dans le dernier numéro de la *Revue des Deux-Mondes*, quelques lignes de M. Anatole Le Braz, qui connaît à merveille l'esprit de ces hautes écoles américaines, où il a eu l'honneur de professer :

« Le culte de la France a passé dans la plupart des universités d'outre-mer à l'état de dogme, et elles ne se contentent pas de le célébrer par de platoniques vivats ou en habillant aux couleurs françaises des lions *made in Germany*. Je ne crois pas qu'aucun de nos transatlantiques revienne de New-York sans y avoir embarqué quelque voiture d'ambulance automobile, représentant la contribution de tel ou tel collège américain au sublime labeur français. Et ces voitures ne voyagent pas seules. Des équipes d'infirmiers volontaires les accompagnent, qui, pendant des mois, ont prélevé sur leur argent personnel de quoi couvrir les frais de l'expédition, et, sur leurs études, le temps nécessaire pour s'y entraîner. Beaucoup, au départ, ne savent de notre langue que trois mots, les mêmes qui se répètent d'un bout à l'autre de l'Amérique, comme une formule d'incantation magique : « La belle France ! » Mais, en route, sur le pont, vous assistez à des classes en plein air et en plein Océan, où les *boys* aux mines concentrées s'acharnent, vocabulaires en main, à se rabâcher entre eux les phrases usuelles les plus indispensables. Et ce pensum auquel ils s'astreignent *in extremis* en dit peut-être plus long que tout sur la fièvre de dévouement qui les anime. »

« Je veux, me confiait un de ces jeunes croisés universitaires, je veux, en soignant vos blessés, pouvoir converser avec eux. Les gestes secourables ne suffisent pas, il faut les paroles où l'on met son cœur. »

Je peux garantir de mon humble témoignage la fidélité de ce croquis.

Ces jeunes gens, qui viennent combattre à côté de nous sans comprendre notre langage, — le geste suffit pour les sentiments, — éveillent le souvenir des compagnons français de La Fayette, dont les plus favorisés, ceux qui avaient de l'étude, avaient recours au latin pour causer avec certains de leurs frères d'armes. On le voit à chaque instant dans leurs mémoires et dans leurs lettres. Ainsi, cette note sur le carnet de guerre d'un des lettrés de l'époque, — je la traduis du beau livre de M. Jusserand (1) :

« *7 octobre* 1770. — Dîner splendide avec le général de Rochambeau. J'ai causé avec lui en latin ; il le parle tolérablement. »

Rochambeau, dans sa jeunesse, s'était destiné à l'état ecclésiastique.

Un de ses lieutenants, Silly, écrivait à un officier anglais : *Inglicam linguam noscere conabor.* En ces temps reculés, les officiers interprètes étaient moins nombreux que de nos jours.

Toutes ces marques d'amitié et de confiance nous sont infiniment précieuses, mais on n'ignore pas que les Etats-Unis ont plus efficacement encore servi la cause des Alliés en leur fournissant des denrées, du matériel et des espèces.

Mais vous me demanderez peut-être si ces éléments du bilan de nos relations transatlantiques doivent figurer sous la rubrique de l'amitié, et si leur place n'est pas dans celle de l'intérêt. C'est parfaitement juste ; mais je vous ferai remarquer que, jusqu'à présent, Dieu merci ! l'intérêt s'est trouvé engagé dans le même sens que l'amitié. Heureuse conjugaison que nous souhaitons, que nous espérons bien voir se prolonger longtemps encore. Aussi bien, il ne faut pas perdre de vue le mot si sage et si franc de Washington, dont la politique réaliste a toujours fait au sentiment la part qui lui revenait, la première; néanmoins, observait-il dans un propos de 1778, « c'est une maxime fondée sur l'expérience universelle de l'humanité, qu'il n'y a pas de nation sur laquelle il faille compter en dehors des limites de son intérêt, et un homme d'Etat avisé ne s'écartera jamais de ce principe. »

Examinons à ce point de vue, objectivement, en nous dégageant de toute considération sentimentale, la situation des Etats-Unis dans la guerre mondiale, telle qu'elle apparaît selon les données qui se trouvent à notre disposition. Une remarquable étude anonyme du *Correspondant* nous donnait, il y a quelques jours, sur ce sujet, des chiffres bien intéressants, empruntés à des documents officiels, et qui précisent le sens de la déclaration retentissante de M. Morgenthau, diplomate américain des plus en vue et l'un des tenants les plus actifs et les plus autorisés du président actuel : « Notre fortune nationale, assurait-il, a augmenté en deux ans de

(1) *With Americans of past and present days.*

41 milliards de dollars (plus de 200 milliards de francs). » Un document plus récent encore, la circulaire du comité de surveillance des Banques nationales, constatait, dans une formule moins précise, mais plus frappante pour les esprits peu familiarisés avec les chiffres de cet ordre de grandeur, que les Etats-Unis s'étaient enrichis en deux ans plus qu'ils ne semblaient pouvoir le faire en plusieurs générations. C'est ce que ledit M. Morgenthau, vantant les bienfaits de la politique wilsonienne, exposait dans une forme encore plus savoureuse, en disant que son pays « se roulait superbement dans le bon temps ».

« Pauvre pays ! » soupirent les économistes de l'école de M. Dernburg, qui fut, on s'en souvient, un des promoteurs du rationalisme boche, je veux dire du rationnement. On sait que ce maître en propagande s'évertue depuis quelque temps à démontrer aux Américains les inconvénients de la prospérité qu'ils tirent de la guerre européenne. Il consent à reconnaître que les Etats-Unis ont drainé, en moins de deux ans, plus de la moitié du stock d'or de l'univers ; mais il voit seulement dans cette inondation, que tant de contrées tendraient à envisager comme aussi fertilisante que la crue des eaux du Nil, un cataclysme redoutable : dépréciation des salaires, augmentation du prix de la vie ; nous connaissons l'antienne. Voici longtemps que les embochés du Middle West la chantent aux ménagères, toujours prêtes à s'indigner d'une hausse de 20 ou 30 0/0 sur le coût des œufs et de la volaille, minime rançon de l'élévation des salaires de leurs hommes, du prix des denrées et de toutes les formes de rémunération de l'industrie nationale, conformément au principe de la circulation des richesses, dont la pulsation se propage en un rien de temps jusqu'aux extrémités d'un organisme bien constitué. Après Sénèque, après les Pères de l'Eglise prêchant le danger des richesses, l'épître de Dernburg aux victimes des inondations du Pactole ! Comment y répondre, sinon avec le moraliste des raisins qui sont trop verts. Après tout, ce M. Dernburg fait-il pas mieux que de se plaindre ?

D'après un exposé du Dr Pratt, directeur du Bureau du Commerce extérieur et intérieur, qui remonte à juin 1915, les valeurs américaines détenues en Europe à la veille de la guerre s'élevaient à un total de 1.400 millions de livres sterling ; d'autre part, les valeurs européennes possédées aux Etats-Unis ne dépassaient pas 200 millions, ce qui laissait 1.200 millions comme chiffre de la dette nette de l'Amérique en Europe. Pour faire face à cette situation par des mesures lui permettant d'en tirer le meilleur parti, la trésorerie américaine émettait en peu de temps des bank-notes et des certificats pour 596 millions de dollars ; en quelques mois, le tout, moins 5 millions, était rentré dans les caisses publiques.

Il serait intéressant de connaître la part que représente, dans l'accroissement de la fortune nationale, le bénéfice des fournitures effectuées en raison de la guerre. Ce calcul est malaisé ; néanmoins, la *Westminster Gazette*, — en le limitant aux profits directs et immédiats des marchandises, en dehors des avances d'espèces aux belligérants qui dépassent 5 milliards de francs, — évalue à 400 millions de livres, 10 milliards de francs, la plus-value du commerce étranger ; ce ne serait, en somme, que le dixième de la plus-value générale, mais cela représenterait encore 100 francs par tête d'habitant ; quant au reste, il serait dû au développement normal des affaires intérieures dont la prospérité suivait une marche rapidement ascendante dans les années qui ont précédé la guerre.

Je dois faire, à ce sujet, une observation qui me paraît avoir son importance : de l'avis d'un grand nombre d'industriels et de financiers avec lesquels je me suis entretenu de ces questions, l'Amérique, au moment où la guerre a éclaté, était à la veille d'une crise économique dont le monde des affaires s'effrayait terriblement. Cette crise tenait à diverses causes, dont la plus visible était la surproduction des grandes industries ; leur outillage immodérément développé donnait infiniment au delà des facultés d'absorption du marché intérieur, alors que les débouchés extérieurs avaient été négligés : d'une part, économiquement parlant, le protectionnisme rébarbatif, qui enfermait dans une muraille de Chine ce grand pays de 100 millions d'habitants habitué à vivre sur lui-même et pour lui-même, en dehors de l'exportation de certaines matières premières telles que le coton et le blé, venait seulement de se détendre par les tarifs ; d'autre part, au point de vue matériel, il avait négligé de s'équiper une marine marchande, en dehors de sa navigation intérieure des Grands Lacs et des Grands Fleuves, dont le tonnage était considérable.

Le tragique déchaînement des armées allemandes vint à point offrir à l'Amérique la clientèle empressée des belligérants auxquels la maîtrise de la mer permettait d'aller prendre livraison, à travers l'Atlantique, d'une quantité illimitée de produits et, notamment, d'acier, dont les Etats-Unis étaient dès ce moment le plus grand fabricant du monde ; ils en faisaient autant à eux seuls que l'Allemagne, la France et l'Angleterre.

La demande d'acier à l'étranger devint, du jour au lendemain, insatiable. Les deux groupes de belligérants en avaient besoin, mais par le fait, les Alliés étant maîtres de la mer, pouvaient seuls obtenir livraison. L'Amérique devait-elle la leur refuser, sous prétexte que les impériaux ne profiteraient pas du même avantage ? C'était l'avis de l'Allemagne, ou du moins sa prétention. Elle ne fut pas admise par M. Wilson, dont l'esprit juridique ne pouvait pas s'y tromper : il ne refusait sa marchandise à personne ; tant pis pour celui qui n'était pas en état de la recevoir ! C'est ainsi qu'en toute liberté de conscience il donna satisfaction aux aspirations de son industrie nationale, en déclarant licites les fournitures demandées.

Ainsi la crise de pénurie si logiquement redoutée faisait place, comme par miracle, à une crise de prospérité inouïe. La réélection de M. Wilson a largement bénéficié de cette situation ; les populations démocratiques, notamment celles de l'ouest, lui ont su gré :

1° D'avoir eu la sagesse de permettre à l'industrie nationale de s'enrichir, en passant outre aux protestations et aux menaces du gouvernement allemand ;

2° D'avoir eu l'habileté de favoriser ce développement prodigieux de la richesse nationale sans sortir de la neutralité.

On sait que les défenseurs de sa candidature affichaient d'un bout à l'autre du territoire cette devise engageante : « La paix dans la prospérité », ou cette autre : « Il nous a préservés de la guerre ». Il était acclamé comme le président de la paix, et le *Correspondant* mentionne, d'après un grand journal de New-York, qu'il y avait une sorte de ferveur religieuse dans les cris de : « Soyez béni ! » poussés par bien des femmes dont les yeux se remplissaient de larmes sur son passage.

C'est dans ces conditions que M. Wilson a été réélu par la moitié des électeurs américains, avec une majorité infime, qui fut douteuse un instant, au point que, durant vingt-quatre heures, son concurrent, M. Hughes, fut considéré comme élu. L'autre moitié des électeurs se déclarait, sans attendrissement, mais avec une intraitable fermeté, contre la paix à tout prix ; elle faisait valoir qu'une grande nation comme les Etats-Unis doit trouver dans la paix, en plus de la prospérité immédiate, la dignité et la sécurité.

Cette politique groupait autour de son candidat les hommes d'Etat les plus considérables, comme le colonel Roosevelt, M. Elihu Root, M. Chauncey Depew, M. Taft, M. Choate, et le plus grand nombre des journaux les plus influents.

Il semble évident que le président, élu dans des conditions aussi exceptionnelles, devra tenir fidèlement compte de cette division des énergies morales du pays en deux groupes à peu près équivalents ; que la ligne de sa politique extérieure devra être la résultante du jeu de ces forces antagonistes et qu'il ne saurait se soustraire, sans certains risques pour la tranquillité publique, à l'action de l'une de ces composantes.

Assurément, il n'y songe pas, et l'art avec lequel il s'est approprié dans les quatre premières années de son gouvernement quelques-unes des revendications les mieux fondées du programme de ses adversaires, — et non pour en discourir, mais pour les réaliser, — nous donne lieu de penser que le président de la Paix n'est pas homme à négliger ce qui doit ajouter à une paix prospère les garanties morales et matérielles qui lui sont indispensables.

Avant sa réélection, — on ne le sait pas assez chez nous, ou on semble l'oublier, — M. Wilson a donné la mesure de la sincérité de son pacifisme en faisant voter, dans l'espace de quelques jours, des crédits pour un programme militaire intensif et pour le programme naval qui va donner aux Etats-Unis la marine de guerre la plus forte du monde après celle de la Grande-Bretagne. Ce programme sera exécuté en trois années, durant chacune desquelles 1.575 millions lui seront affectés ; dans le même temps, un crédit annuel de 1.325 millions est affecté à la création d'une armée vraiment digne de la richesse et de la puissance des Etats-Unis. Les deux crédits totalisés représentent 51 °/₀ du budget des recettes de l'État. La réalisation du programme naval avait été d'abord répartie sur cinq années. Depuis la bataille du Jutland, si glorieuse pour la marine anglaise, on a resserré à trois ans le délai d'extrême urgence.

Cette promptitude aux armements, en un temps où il n'est question que de désarmement dans les rêves des constructeurs de la société future, ne semble pas indiquer que l'Amérique soit disposée à laisser compromettre sa sécurité ni sa dignité.

M. Wilson a fait plus et mieux encore que de mettre en œuvre un programme naval ; il a placé la marine américaine dans la situation purement militaire qui lui convenait ,en la soustrayant aux influences politiciennes, contre lesquelles s'élevait un virulent article du contre-amiral Bradley Fiske, dont je trouve dans le même article du *Correspondant,* cet extrait caractéristique :

« Le dangereux ennemi des Etats-Unis, ce n'est pas l'Allemagne ni le Japon, c'est le politicien américain. Ce ne sont ni l'armée ni la flotte d'aucune puissance étrangère que nous devons redouter, car il ne dépend que de nous d'avoir une armée et une flotte supérieure aux siennes ; ce que nous avons à redouter, c'est le politicien qui nous empêche d'avoir l'armée et la marine nécessaires, en persuadant au peuple qu'une telle armée et une telle marine produiront cette horrible chose qu'il appelle militarisme. » Et l'amiral ajoute : « L'histoire nous apprend qu'aucune nation n'a jamais pu maintenir sa grandeur aux dépens de l'idée militaire. Les nations qui ont délaissé la forme militaire se sont effondrées. »

M. Wilson, en donnant raison aux promoteurs de cette campagne énergique, a montré qu'il n'était pas et ne serait pas le prisonnier de ces politiciens qui sont la plaie de tous les grands pays et qui, dans leur zèle maladroit et parfois suspect pour la paix, les vouent à la guerre en les empêchant de la préparer — ce qui est un peu dire la parer.

Ah oui ! les politiciens, c'est un des fléaux les plus inquiétants de la République sœur ; ils y pullulent ; leur industrie y a pris un développement aussi colossal que les autres formes de l'activité nationale ; les démocrates ont Tammany Hall, les républicains ont La Machine, organisations formidables dont les leviers sont dans les mains de personnages occultes d'une autorité inimaginable. Ce sont deux puissants dieux.

L'Amérique du Nord n'a rien à envier, sous le rapport de l'éloquence parlementaire, à nos départements du Midi les mieux doués. Vingt-cinq personnes ne se réunissent pas à dîner ou à luncher, sans que cela finisse par une demi-douzaine de speeches dans lesquels se déploie une déplorable facilité. On parle bien, dans la politique américaine, mais on parle trop. Rendons-lui cette justice que cela n'empêche pas d'y agir ! Heureux pays ! M. Wilson, qui est un de ses meilleurs orateurs, connaît admirablement son monde et excelle à le manœuvrer. Tout en parlant en public avec un rendement discursif, qui est au débit de nos machines à paroles les plus remarquables comme le Niagara est à la cascade du Bois de Boulogne, il a constamment fait figure de réalisateur ; ce fut parfois même, on l'a vu, en s'appliquant avec infiniment de sens politique et peut-être un peu de malice, à emprunter à l'opposition ses revendications les plus indiquées pour les faire passer du domaine des programmes dans celui des faits accomplis. Cela n'est pas tout à fait l'union sacrée, ou tout au moins ce n'en est qu'une déformation rosse, mais cela n'en est pas moins avantageux pour le pays.

Ne nous dissimulons pas, malgré les pouvoirs exceptionnels dont il dispose, les difficultés de la tâche du président de cette république fédérale de plus de cent millions de citoyens, habitant non des départements, mais des Etats éloignés par leur situation géographique, différents par leur climat, leur origine, leurs mœurs, leurs tendances, leurs intérêts ; où se rencontrent des races antagonistes qui ne se sont pas fondues, — sans négliger les millions de Germano-Américains qui laissent trop apparaître leurs efforts pour germaniser leur pays d'adoption, — ni les Irlandais innombrables et infatigables dont le génie combatif exerce sur le nouveau continent de féroces représailles aux dépens de l'Angleterre, tandis que des myriades de réfugiés polonais s'efforcent d'en faire autant contre la sainte Russie. Ajoutez à cela de formidables organisations sociales à ciel ouvert ou clandestines, et les vingt millions de travaillistes que M. Gompers fait mine d'enrôler au service de l'interventionnisme pacifiste et, plus redoutables que tout cela, quelques cénacles de théoriciens de l'équilibrisme mondial, grands enfourcheurs de chimères et bâtisseurs d'utopies. Il faut être un politique d'une souplesse infinie pour évoluer parmi toutes ces collectivités disparates et bigarrées et, sinon pour les satisfaire toutes à la fois, — on ne peut contenter tout le monde et son boss ! — du moins pour les apaiser les unes après les autres dans des formes appropriées.

Cette situation difficile inquiète nos grands amis ; c'est ainsi que l'un des plus estimés avocats de New-York, M. Coudert, qui est un des dirigeants du parti républicain, écrit :

« Il faut pourtant bien que l'Amérique décide à bref délai si elle est réellement une nation constituée, jalouse des justes droits de ses concitoyens et soucieuse d'en garantir partout le libre exercice, ou si elle n'est qu'une juxtaposition incohérente d'éléments disparates et récalcitrants dont la désharmonie, publiquement étalée, ne peut que jeter un discrédit, de jour en jour plus profond, sur l'honneur, naguère intact, du nom américain. »

Au point de vue diplomatique, il est indéniable que M. Wilson a poussé jusqu'à leurs extrêmes limites les concessions verbales, mais il n'en est pas moins vrai que ses notes sur la guerre sous-marine, rédigées avec l'art juridique où il est passé maître, ont atteint leur but. Or, je ne vous l'apprendrai pas, l'affaire de la guerre sous-marine est la grande question pendante entre Washington et Berlin, — et personne ne doute que la phrase de M. Lansing, « l'Amérique est sur le bord de la guerre », y fît allusion. Nous voici donc amenés à parler de la note sur la paix, — je le fais avec bien de l'embarras, et je voudrais savoir le faire avec tous les ménagements désirables, — mais comment éviter de nous entretenir, en parlant de l'amitié américaine dans le moment où nous sommes, d'une démarche qui a provoqué dans tout l'univers une émotion si profonde, émotion qui, dans le premier moment, a été chez les Alliés jusqu'à un malaise assez douloureux.

Cette émotion ne provenait pas seulement du fait que, dans le moment même où l'Allemagne laissait voir son besoin de la paix, sans en offrir les possibilités, le gouvernement de Washington se risquait à en parler, assurément dans les formes les plus discrètes, mais alors qu'une conversation sur ce sujet ne semblait pas désirable aux défenseurs de la Belgique, qui s'en tenaient à l'admirable parole du cardinal Mercier. Vous la connaissez sans doute ; elle a été citée tant de fois ; mais je vois tout avantage à la répéter encore.

Lors de sa visite à Rome, où Berlin poussait déjà sa manœuvre pacifiste, le saint et vaillant archevêque de Malines se trouva soudain face à face, dans un couloir du Vatican, avec un Allemand, le cardinal Hartmann.

Comme le douloureux apôtre du martyre belge s'écartait, détournant la tête, le Boche de robe rouge, sans s'arrêter à ce mouvement répulsif de la victime en présence du bourreau, murmura, protecteur et rassurant :

« Nous ne parlerons pas de la guerre. »

A quoi Mgr Mercier, l'ayant toisé du regard, repartit, passant son chemin :

« Nous ne parlerons pas de la paix. » *(Longs applaudissements.)*

Il fallait que cette parole si religieuse fût entendue, je ne dis pas seulement de toute la chrétienté, mais d'un bout à l'autre du monde civilisé. Elle signifie que nous n'avons pas le droit de songer à la paix tant que la justice n'est pas satisfaite, et que nous ne consentons pas à en parler avec celui qui y cherche la consécration de son forfait.

Il ne pouvait venir à l'idée de personne que M. Wilson, dans la ferveur d'une foi chrétienne qui tient la première place dans ses sentiments, fût indifférent à ces considérations de haute moralité ; la conception d'une paix injuste et inhumaine ne pouvait assurément pas trouver place dans ses desseins, quel que fût son désir de voir cesser une effusion de sang dont il semblait considérer que l'Amérique se trouve être une des plus intéressantes victimes.

Mais on éprouva chez tous les Alliés une véritable stupéfaction à voir qu'il paraissait faire bénéficier d'une égale considération l'un et l'autre groupe des belligérants. On se méprenait évidemment alors que, sur des apparences provenant d'une rédaction insuffisamment soucieuse des susceptibilités les plus respectables, on attribuait une valeur d'assimilation morale à une simple *assignation*, systématiquement rédigée dans les formes impassibles de ce genre d'exploits, où le juriste s'attache à ne pas marquer une différence d'appellation entre les parties en présence.

Evidemment, un juriste ne doit pas faire ostensiblement, avant les débats, une différence entre les plaideurs qui se présentent devant lui, et quel que soit son sentiment préalable, consécutif à la communication du dossier, il ne saurait, sans s'exposer à essuyer une récusation, dire à l'un : « Cher monsieur, asseyez-vous ici », et à l'autre : « C'est vous le coquin, f... mettez-vous là ».

Tout de même, il y a une manière de marquer la différence ; M. Wilson ne s'en est pas soucié : affaire de tempérament. C'est un flegmatique ; son sang-froid est imperturbable, sa patience illimitée, et il ne connaît pas les menues susceptibilités qui sont si vives dans certaines natures, et chez les nerveux non moins que chez les sanguins. Il n'est évidemment ni l'un ni l'autre. Sa surprise fut donc vive en voyant qu'on s'était mépris sur son sentiment intime, dont il avait donné maintes preuves sans jamais se départir de l'attitude que lui commande l'état de neutralité.

Cette prévention sur la forme étant dissipée, reste le fond de la note ; on en a fait bien des interprétations, comme c'est le sort de tous les oracles, quand ils sont rendus conformément aux traditions sacrées. Pour ma part, je me refuse absolument à y voir la moindre intention de favoriser les bourreaux de la civilisation qui, demain, s'il leur était permis de se consolider en Europe, mettraient le Nouveau-Monde en péril. A voir l'inquiétude qu'inspire dès maintenant au commerce américain leur offensive sous-marine, on imagine aisément ce qu'ils en feraient le jour où leur appartiendrait la domination des mers, à laquelle ils aspirent plus qu'à tout autre but d'après-guerre.

C'est là pour les Etats-Unis une question de vie ou de mort. S'il ne s'agissait que d'une gêne momentanément opposée à la liberté de leur trafic, l'affaire pourrait s'arranger au prix d'un manque à gagner plus acceptable que le sacrifice de dignité qui l'accompagnerait nécessairement. Mais c'est la liberté même de leurs relations transatlantiques qui est en cause. Il n'y a pas à le nier, et un homme d'Etat comme M. Wilson et comme les gouvernants qui l'entourent aussi bien que les représentants de l'opposition, n'ont assurément pas le moindre doute à cet égard. Son sincère et profond amour de la paix ne saurait donc le retenir de faire tête aux prétentions allemandes, fût-ce au prix d'une rupture dont il semble d'ailleurs que les conséquences matérielles n'exposeraient pas son pays à des dommages proportionnés au bénéfice moral de l'opération.

Mais le président des Etats-Unis, quelle que soit son autorité, est le chef d'un gouvernement d'opinion. Il ne saurait donc s'engager dans une question de politique extérieure aussi grave que celle qui a placé son pays « sur le bord de la guerre », sans s'appuyer sur un sentiment presque unanime. Or, une grande partie de la démocratie américaine, tenue dans l'ignorance et poussée dans l'erreur par une propagande mensongère, — et d'ailleurs incapable de s'élever aux considérations d'une politique à longue portée, — donne des signes non équivoques d'un attachement croissant au pacifisme imprévoyant dont elle n'aperçoit pas le piège. Comment avoir raison de cet état d'esprit ?

1° En démontrant à cette population de bonne foi, mais de vue courte, l'absurdité de son rêve ; en le lui prouvant mieux que par des arguments discutables, c'est-à-dire par l'évidence du fait ; et le fait, c'est que cette paix, si désirable pour tous, est présentement irréalisable, parce que l'Allemagne, qui en avoue la nécessité, n'en reconnaît pas les conditions ;

2° En dévoilant du même coup la manœuvre politique, machiavéliquement camouflée sous les rameaux d'olivier du kaiser et de son Bernstorff.

Une fois cette assurance bien établie dans l'esprit des populations, le président a les mains libres pour laisser porter les destinées de l'Amérique jusqu'à leurs extrêmes conséquences. Qu'une rupture en résulte, le président est couvert vis-à-vis de la nation à laquelle il a fait toucher du doigt la vanité du mirage pacifiste.

« J'ai tout fait, pourra-t-il dire, pour ramener la paix sur la terre et sur la mer ; la force des choses ne l'a pas permis ! »

La stricte équité voudrait qu'il dénonçât les responsables de cet échec à la paix, comme il aurait dû dénoncer, en temps voulu, les coupables de l'invasion, mais ce n'est guère dans sa manière. N'y comptons pas ; en revanche, espérons que, désormais, rien ne le retiendra plus d'entrer en lutte ouverte contre la piraterie sous-marine, qui menace de faire échec à son expansion commerciale.

Récapitulons : des commandes largement rémunératrices ont été loyalement acceptées par l'industrie américaine, qui s'est engagée à en accepter les charges et qui en escompte légitimement les bénéfices, n'ayant aucunement renoncé à voir accroître sa prospérité. Vainement l'Allemagne a tenté de la détourner de ces fournitures, d'abord par l'intimidation diplomatique, puis, la menace ayant été sans effet, par des actes de violence : des torpillages opérés par ses sous-marins en dehors de toutes les règles du droit des gens et des coutumes navales, qui concordent à sauvegarder l'existence des non-combattants.

Après le torpillage du *Lusitania* et celui du *Sussex*, le gouvernement de Washington a adressé au gouvernement de Berlin des notes, dont on a pu critiquer la forme insuffisamment protestataire, mais dont il n'est pas niable qu'elles ont atteint leur but, qui était d'empêcher les sous-marins allemands de torpiller, sans avis préalable, les bateaux de passagers.

Des mois se passent, mais voici qu'au plus fort de l'agitation précédant l'élection présidentielle, — au moment où M. Wilson, en son incertitude sur le résultat du scrutin, ne peut pas moralement s'engager dans une politique militante, des sous-marins prussiens, dont l'un avait même bénéficié de l'hospitalité généreuse d'un port américain, vont, au sortir de ce port et sous les yeux des équipages de la flotte, — comme pour lui porter un défi, — couler une demi-douzaine de bâtiments, dont le personnel est abandonné à tous les risques d'un sauvetage hasardeux. En même temps, la presse officieuse des empires du Centre proclame que le moment est venu de reprendre une offensive sous-marine et de la développer, en vue de rendre impraticables les transports du nouveau continent à destination des Alliés. Cette déclaration, qui est une véritable déclaration de guerre aux Etats-Unis, coïncide avec l'entrée en service des sous-marins nouveau modèle à grand rayon d'action, pour lesquels c'est un jeu d'opérer transatlantiquement.

M. Wilson formule, sans plus attendre, des protestations de principe, auxquelles il n'est répondu que par de vagues accusés de réception. Sur ces entrefaites, il est réélu. Son premier geste est de se rendre auprès de notre ambassadeur, à l'anniversaire de la statue de la Liberté éclairant le monde, offerte jadis par la France ; et là, il prononce des paroles retentissantes, visiblement à l'adresse de l'impérialisme allemand.

Peu de temps après, il envoie sa note, accentuée par le commentaire du secrétaire d'État aux Affaires étrangères, qui signale que les Etats-Unis sont « sur le bord de la guerre ». C'est le moment où l'ambassadeur Gerard rejoint son poste à Berlin. Quelles paroles y apporte-t-il ? Des déclarations protocolaires pour banquet, confiserie de dessert, mais dont la forme laissait sans doute à désirer, puisqu'elles ont eu pour effet de désobliger à la fois les Allemands et les Alliés ; ce n'était assurément pas ce que visait ce diplomate. N'oublions pas que M. Gerard n'est pas de la carrière, et que, tout en citant avec esprit le mot de Talleyrand, disant que dans le métier il faut savoir se taire en sept langues, il a manqué une belle occasion de le faire dans son idiome natal. *(Rires. Applaudissements.)*

Tout de même, on ne pouvait guère se méprendre sur la signification de son langage, quand il donnait l'assurance que d'excellentes relations seraient maintenues entre son pays et l'Allemagne, tant que celle-ci serait gouvernée par des hommes d'État notoirement hostiles à l'extension et à l'aggravation des opérations sous-marines. Cela signifiait bien que si la doctrine opposée prenait le dessus, c'en serait fait des bonnes relations.

Dans son amabilité restreinte, la déclaration était comminatoire, tout au moins conditionnelle ; à bon entendeur, elle signifiait que M. Gerard avait obtenu des apaisements relatifs aux formes de torpillages qualifiées d'inadmissibles par son gouvernement, et que la disparition de ces garanties entraînerait la rupture.

Voilà donc la paix momentanément maintenue — j'allais dire rétablie — entre les Etats-Unis et les empires du Centre, sinon entre les belligérants.

Le gouvernement allemand a-t-il capitulé ?... Il a fait mine d'hésiter un instant à empêcher par la force l'Amérique de livrer aux Alliés les fournitures dont elle a accepté la commande. Il y renonce provisoirement, mais sous conditions restrictives, à la façon de Constantin. Voilà, certes, une capitulation à laquelle je ne me fierais guère plus qu'à celles du mari de la belle Hellène d'importation germanique.

On n'ignore nulle part, surtout pas en Amérique, que la marine allemande pousse à fond la construction en grand nombre de submersibles d'un nouveau modèle, sur lesquels elle compte pour rendre la mer intenable aux bâtiments alliés ou aux neutres commerçant avec les Alliés ; c'est le plus grand effort de son industrie de guerre ; quelques mois encore, et, si son plan se réalise, elle sera en état de nous priver de certains avantages de la maîtrise de la mer.

Voire mais ! comme dit maître Rabelais. C'est un de ces cas où l'intention ne doit pas être prise pour le fait. Avant de promettre la mer à ses sujets, le kaiser leur avait déjà formellement garanti Paris, Calais, Verdun, et même Saint-Pétersbourg... Il ne lui reste plus qu'à leur promettre de la nourriture ; malheureusement pour lui, on ne l'en croit plus nulle part, surtout pas chez les peuples qui voudraient bien vivre de bonne soupe plutôt que du beau langage de ses proclamations.

Il n'en est pas moins vrai que le gouvernement des Etats-Unis ferait un marché dangereux en se payant de bonnes paroles, durant le temps que le fourbe de Berlin prépare dans ses chantiers de quoi porter une atteinte sérieuse aux communications transatlantiques. Il serait alors un peu tard pour s'apercevoir qu'avec l'Allemand il ne faut jamais se reposer sur la foi des traités, — ce qui marque entre les deux groupes de belligérants une différence que M. Wilson a eu tort de considérer comme négligeable.

M. Gérard, qui ne manque ni de jugement ni de finesse, reconnaît sans doute aujourd'hui la sagesse de lord Salisbury qui, parlant de l'incertitude des négociations avec la Wilhelmstrasse, recommandait aux personnes exposées à souper avec le diable de se munir d'une longue cuiller.

On a dit, dans des télégrammes, que M. Gérard, retournant en Allemagne, emportait avec lui quatre tonnes de vivres offerts par des amis compatissants ; nous ne doutons pas qu'il y ait joint prudemment une argenterie de la taille convenable pour souper avec des convives dont le moins que l'on puisse dire, c'est qu'ils ne valent pas le diable.

Les télégrammes sont muets sur le menu de cette agape ; soyez assurés que rien n'y manquait de ce que la chimie la plus ingénieuse peut offrir à une gastronomie défaillante, ni le bouillon en tablettes, ni la barbue synthétique, ni les truffes de remplacement, ni le soufflé-surprise à la Batocki, le tout arrosé de simili-bière et de champagne munichois. Ça flatte peut-être le palais, mais ça ne tient pas au corps, comme disent les bonnes gens ; on voit d'ici M. Gérard, de retour à l'ambassade, faire appel à la provision de vivres du pays natal, en murmurant avec mélancolie :

> Au banquet de Bethmann, infortuné convive,
> J'apparus un soir et je meurs... de faim

(Vifs applaudissements.)

Tiens, mais voilà une devise pour les empires du Centre, voués à l'inanition finale par la folie de ce kaiser, dont les convulsions suprêmes nous offrent un spectacle tragi-comique : cette agitation frénétique qui le porte brusquement de la fureur à l'attendrissement et de la supplication à la menace, évoque l'horreur bouffonne des derniers instants de Néron, dans la villa de Phaon, palpant et repalpant la pointe aiguë du poignard qui va lui ouvrir la gorge. Entre ses larmes de pleutre et son rictus de maudit, il trouva matière à une sentence désabusée sur les crimes de l'humanité ; ce fut sa dernière parole. Rapprochez-la des lamentations du kaiser sur les horreurs de la guerre, dans son épître récente. *(Vifs applaudissements.)*

Ainsi finira bientôt l'Antéchrist de vingt siècles après. Quel histrion sinistre va périr !

Vous rappelez-vous la brève oraison funèbre que lui a consacrée Renan :

« Qu'on se figure un homme à peu près aussi sensé que les héros de M. Victor Hugo, un personnage de mardi gras, un mélange de fou, de jocrisse et d'acteur, revêtu de la toute-puissance et chargé de gouverner le monde. »

Il ne le gouvernera pas : la Marne, l'Yser et Verdun lui ferment la route sur terre, et aussi nos grands alliés d'Italie et de Russie. La surface de l'Atlantique lui est interdite par la flotte britannique. Reste à savoir si la maîtrise sous-marine lui sera abandonnée.

Cette question qui se pose n'est pas moins grave pour le nouveau continent que pour l'ancien. Comptons sur l'amitié américaine pour nous aider à la régler, dans l'intérêt commun.

Mais ne perdons pas de vue, en ce qui concerne l'attitude du gouvernement des Etats-Unis, l'obligation supérieure qui retient son amitié dans les limites loyalement définies par la formule de

Washington. C'est une amitié bien ordonnée qui a pour nécessité de commencer par soi-même. Félicitons-nous de voir que la force des choses porte les destinées de la grande République d'outre-mer dans le même sens que les nôtres, et de pouvoir espérer que ces destinées tendront à se rapprocher de plus en plus, jusqu'au moment désirable où il leur sera permis de se rejoindre, pour assurer la défense de la liberté de l'Océan contre la piraterie.

Félicitons-nous aussi de la certitude qu'aucun malentendu n'est à craindre entre le gouvernement américain et le nôtre sur la nécessité d'assurer la paix dans l'univers ; rapportons-nous-en aux déclarations que M. Poincaré vient de faire à un grand journaliste américain, M. Marshall, et qui sont reproduites aujourd'hui même par toute la presse des Etats-Unis :

« Ce n'est pas de notre part que viendra la résistance aux généreuses idées du président Wilson sur les ententes internationales à conclure au lendemain de la paix, pour assurer le respect des engagements pris. Nous nous associons, au contraire, bien volontiers, à ses nobles intentions. Mais, pour que ces ententes puissent produire plus tard leur effet bienfaisant, il faut commencer par restaurer les droits violés et par prémunir l'Europe contre une paix qui contiendrait le germe de nouveaux attentats. »

Ce sera notre conclusion. *(Longs applaudissements.)*

www.ingramcontent.com/pod-product-compliance
Ingram Content Group UK Ltd.
Pitfield, Milton Keynes, MK11 3LW, UK
UKHW020518180726
13839UKWH00005B/2159